基层妇联主席工作日记

粤姐姐美好的一天

广东省妇女联合会 编

暨南大学出版社
JINAN UNIVERSITY PRESS
中国·广州

图书在版编目(CIP)数据

基层妇联主席工作日记：粤姐姐美好的一天 / 广东省妇女联合会编. —广州：暨南大学出版社，2018.8（2019.4 重印）

ISBN 978－7－5668－2460－8

Ⅰ. ①基… Ⅱ. ①广… Ⅲ. ①妇女工作－基本知识－中国 Ⅳ. ①D442.6

中国版本图书馆CIP数据核字(2018)第182897号

基层妇联主席工作日记：粤姐姐美好的一天

JICENG FULIAN ZHUXI GONGZUO RIJI: YUEJIEJIE MEIHAO DE YITIAN

编者：广东省妇女联合会

……………………………………………………………………………………

出 版 人：徐义雄
责任编辑：古碧卡
责任校对：王燕丽
责任印制：汤慧君 周一丹

出版发行：暨南大学出版社（510630）
电　　话：总编室(8620)85221601
营销部(8620)85225284 85228291 85228292(邮购)
传　　真：(8620)85221583(办公室) 85223774(营销部)
网　　址：http://www.jnupress.com
排　　版：张自立
印　　刷：广州家联印刷有限公司
开　　本：787mm×1092mm 1/16
印　　张：1.5
字　　数：35千
版　　次：2018年8月第1版
印　　次：2019年4月第4次
定　　价：19.80 元

粤姐姐的自我介绍

Hi，大家好！我是粤姐姐，是幸福村的妇联主席。红棉花裙、两个红发夹是我的标配，很高兴和大家见面，希望我们能成为最好的朋友。我坚信，幸福是奋斗出来的。我会和我们村妇联的10个执委一起，带领全村妇女姐妹坚定不移听党话、跟党走，撸起袖子加油干，让我们的生活更美好！下面，我向大家全面介绍一下我的工作。

朋友问我："什么是妇联？妇联是干什么的？"

妇女联合会，简称妇联。根据《中华全国妇女联合会章程》规定，妇联是中国共产党领导下的人民团体，是党和政府联系妇女群众的桥梁和纽带，是国家政权的重要社会支柱。其基本职能是：代表和维护妇女权益，促进男女平等。

妇联的组织架构

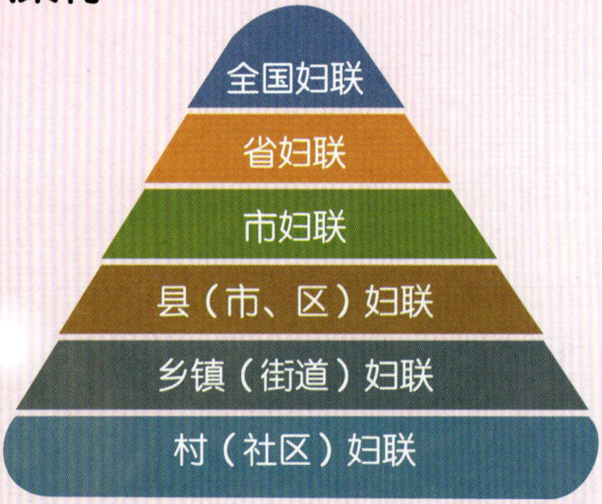

妇联的组织制度

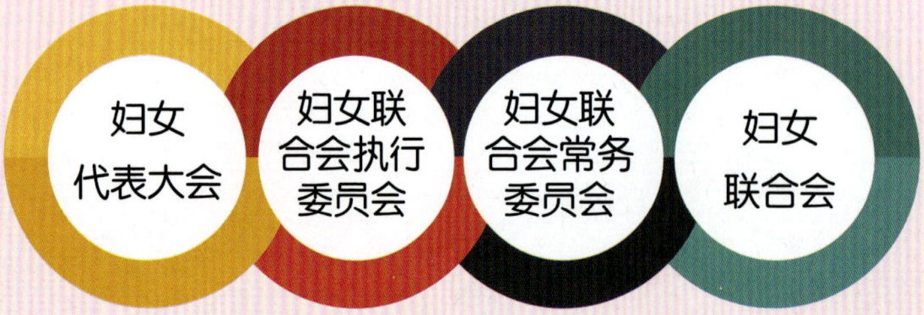

那妇联到底是干什么的呢？

增强政治性，更好担负起引导妇女听党话、跟党走的政治责任，为党夯实执政的妇女群众基础；增强先进性，始终坚持围绕中心、服务大局的工作主线，为党的事业贡献巾帼力量；增强群众性，认真履行依法维权和服务妇女的重要职能，为党凝聚妇女人心。

习近平总书记对妇联工作有什么要求呢？

- 要坚持男女平等基本国策。
- 要保持和增强群团组织的政治性、先进性、群众性。
- 要坚定走中国特色社会主义妇女发展道路，始终把自己置于党的领导下。
- 要坚持围绕党和国家工作大局，组织广大妇女建功立业。
- 要注重家庭家教家风，充分发挥妇女“两个独特作用”。
- 要坚持联系和服务妇女的工作生命线。
- 要切实扛起依法维护妇女权益的大旗。
- 要坚持正确政治方向，全面推进妇联改革。
- 要把工作重心放在基层，做到哪里有妇女群众，哪里就有妇联组织。

2018年3月7日上午，习近平总书记亲临十三届全国人大一次会议广东代表团参加审议，并发表重要讲话，这是总书记对广东最深切的关怀、最厚重的嘱托。作为广东人民的一员，我们是何等的幸福、何等的自豪！

总书记充分肯定了广东工作成绩，寄望我们在新的历史起点上开创工作新局面，为我们新时代发展指明了前进方向。

要求广东做到“四个走在全国前列”

- 在构建推动经济高质量发展的体制机制上走在全国前列。
- 在建设现代化经济体系上走在全国前列。
- 在形成全面开放新格局上走在全国前列。
- 在营造共建共治共享社会治理格局上走在全国前列。

把广东建设成为“两个重要窗口”

- 展示我国改革开放成就的重要窗口。
- 国际社会观察我国改革开放的重要窗口。

看！这就是我们村妇联的工作内容

大力加强思想政治引领，团结带领广大妇女坚定不移听党话、跟党走

当前，我们村妇联的首要政治任务就是要认真学习好、贯彻好、落实好习近平新时代中国特色社会主义思想、党的十九大精神和习近平总书记重要讲话精神，引导妇联干部和广大妇女群众牢固树立“四个意识”、坚定“四个自信”，坚决维护习近平总书记在党中央和全党的核心地位，坚决维护党中央权威和集中统一领导，自觉在思想上、政治上、行动上同以习近平同志为核心的党中央保持高度一致。

幸福村正如火如荼开展“南粤巾帼大宣讲”活动，我和10名执委带头，并动员三八红旗手、最美家庭、文艺骨干、巾帼志愿者等走家串户，和妇女群众面对面、拉家常，向她们宣讲习近平新时代中国特色社会主义思想和党的十九大精神。我们还举办了学习分享会、现场咨询活动、文艺晚会等妇女群众都喜欢的、能参加的活动，与妇女群众一起学习、讨论、分享，团结引领她们坚定不移听党话、跟党走。

下一步，我还要把课堂搬到大街小巷、搬到“妇女之家”，注重用小故事说明大道理，推动习近平新时代中国特色社会主义思想在基层落地生根，做到家喻户晓。

围绕中心，服务大局，团结带领广大妇女在新时代、新征程上建功立业

我们主要是开展“三大行动”：

1. 创业创新巾帼行动
2. 乡村振兴巾帼行动
3. 南粤巾帼精准脱贫行动

深入开展“创业创新巾帼行动”

提升妇女创业创新能力。我们村妇联积极探索适应妇女创业的网络化、实训式电子商务培养模式，为有电子商务创业意愿的妇女群众提供了多期免费培训。

发挥妇女创业示范基地引领作用。我们村创建了省、市级巾帼创业示范基地，带动村里的妇女实现就业。接下来，我们还将大力培育一批女农民合作社、家庭农场、专业大户等巾帼现代农业经营主体。

为妇女创业创新提供服务。如果村里的妇女想创业，又苦于没有足够的启动资金，怎么办？不用担心，我们村妇联已经实施了三期省妇女创业小额担保贷款贴息项目，肯定能帮到您，有需要的妇女赶紧来申请吧。

组织实施“乡村振兴巾帼行动”

党的十九大报告提出实施乡村振兴战略的总要求：

- 产业兴旺
- 生态宜居
- 乡风文明
- 治理有效
- 生活富裕

我们加油干：

支持产业发展，拓宽农村妇女增收致富渠道。

开展“美丽家园”建设，共建共享生态宜居新农村。

常态化开展寻找“最美家庭”活动，以文明家风促乡风文明。

参与基层治理，发挥农村妇女在社会治理中的作用。

姐妹携手互帮互助，同步迈入小康社会。

深化“南粤巾帼精准脱贫行动”

习近平总书记说：“让人民过上幸福美好的生活是我们的奋斗目标。全面建成小康社会，一个民族、一个家庭、一个人都不能少。” 我们妇女群众当然也是一个都不能少。

现在，脱贫攻坚已经到了啃硬骨头的冲刺阶段，我们必须以更大的决心、更明确的思路、更精准的举措、超常规的力度，坚决打赢这场硬仗。

深化“南粤巾帼精准脱贫行动”，进一步抓实抓牢七项重点任务：立志脱贫、能力脱贫、创业脱贫、巧手脱贫、互助脱贫、健康脱贫、爱心助力脱贫。

目前，各级党委政府都很关爱妇女的健康，各地都在开展农村妇女“两癌”免费检查工作。希望大家爱惜自己的身体，主动参加“两癌”检查，做到早检查、早发现、早治疗，减少因病返贫情况的发生。

深入开展家庭文明建设活动，把社会主义核心价值观落细落小落实

习近平总书记在不同场合多次谈到要“注重家庭、注重家教、注重家风”，强调“家庭的前途命运同国家和民族的前途命运紧密相连”。下面，就让我们一起来重温这些耳熟能详的“金句”吧！

“不论时代发生多大变化，不论生活格局发生多大变化，我们都要重视家庭建设，注重家庭、注重家教、注重家风。”

——在2015 年春节团拜会上的讲话

“我们要重视家庭文明建设，努力使千千万万个家庭成为国家发展、民族进步、社会和谐的重要基点，成为人们梦想启航的地方。”

——在会见第一届全国文明家庭代表时的讲话

“培育和践行社会主义核心价值观，要坚持全民行动、干部带头，从家庭做起，从娃娃抓起。”

——党的十九大报告

家庭，正是我们妇联工作的主阵地和优势领域。我们村正在开展寻找“最美家庭”活动和家庭亲子阅读活动，引导广大妇女在社会生活和家庭生活中发挥好“两个独特作用”。赶紧来看看我们村开展这些活动的情况吧。

常态化开展寻找“最美家庭”活动

说到寻找“最美家庭”活动，村里的家家户户都知道，因为这些“最美家庭”都是她们推选出来的，也是在她们身边的家庭。我们村还在最显眼的地方设立了“最美家庭”光荣榜，还组织了家庭故事会、家风交流会、家规家训评议会等活动，好多家庭踊跃参加。

● 我们怎么样寻找“最美家庭”

不设门槛、不定标准、不限名额，把“最美家庭”的决定权交给群众，把群众欢迎、群众满意、群众受教育作为衡量的标准。

善于抓住传统节庆、纪念日等时间节点，寻找各具特点的“最美家庭”，如“六一” 儿童节前寻找教子有方“最美家庭”、世界环境日前寻找绿色生活“最美家庭”、重阳节前寻找孝老敬老“最美家庭”等，让群众感受到活动一年四季无处不在。

针对不同类型的家庭组织开展富有时代特征、贴近群众生活的寻找活动。针对自由职业者，寻找推荐诚实守信“最美家庭”；针对农村家庭，重点寻找破除封建迷信、树立文明新风的移风易俗“最美家庭”等。

开展家庭亲子阅读活动

怎样才是一个合格的家长？跟孩子一起应该读什么书？

举办“书香飘万家”家庭亲子阅读活动。开展书目推荐、知识竞赛、阅读分享会等一系列丰富多彩的活动。

我们村创建了“儿童之家”，里面有好多儿童读物，还组建了“家教互助小组”，开展爱心助教志愿活动。

认真贯彻男女平等基本国策，依法维护妇女儿童合法权益，是我们妇联的重要职责

加大男女平等基本国策宣传力度

党的十九大再次把“坚持男女平等基本国策，保障妇女儿童合法权益”写进报告，充分彰显了党和国家促进男女平等的一贯主张和坚定决心，充分体现了党对妇女儿童事业的高度重视和亲切关怀。

我们一直都很注重男女平等基本国策的宣传，持续推进男女平等基本国策宣传进校园、进家庭，进一步提高男女平等基本国策在全社会的知晓率和贯彻执行力度。

创新维权服务方式方法

发挥妇女维权站（点）作用。我们村设有一个维权站，可以为妇女提供法律咨询、家事调解、婚恋调适、心理咨询、家庭关系辅导等系列服务。我会定期在那里接访，听听妇女的心声。

广泛开展形式多样的妇女议事活动。我们村建有“妇女议事会”，也是定期议事。

我们会在“3·8”国际妇女节、“12·4”全国法制宣传日等重要节点，开展妇女权益保障宣传活动。

遇到受家暴妇女来求救，我们怎么处理

《中华人民共和国反家庭暴力法》自2016年3月起施行，为预防和制止家庭暴力，保护家庭成员的合法权益，维护平等、和睦、文明的家庭关系，促进家庭和谐、社会稳定发挥了重要作用。

那么，受家暴的妇女来向我们寻求帮助，我们应该怎么做呢？

建立帮扶困难妇女长效机制

联系和服务妇女群众是我们的工作生命线。重点关注解决普通妇女，特别是特殊困难妇女的实际问题，多做雪中送炭的好事，多做得人心、暖人心的实事，不断增进妇女儿童的获得感、幸福感、安全感。

开展农村妇女“两癌”免费检查救助。

做好农村留守妇女儿童关爱工作，建设“留守儿童之家”。

帮助困难妇女申请法律援助。

实施惠及妇女儿童，特别是困难群体的公益慈善项目。

深入推进妇联改革，保持和增强政治性、先进性、群众性

我们改革的目标是：上面千条线，下面一张网，身边一个家。

我们村以前设妇代会，主要由妇代会主任负责妇女工作。现在已经由村妇代会改建成村妇联了，我是现在的村妇联主席。这可不仅仅是称呼上的改变，而是性质上的根本转变。村妇联，有主席、副主席，还有执委。以前是一个人干活，现在是11个人干活。

我们建立了三项制度：

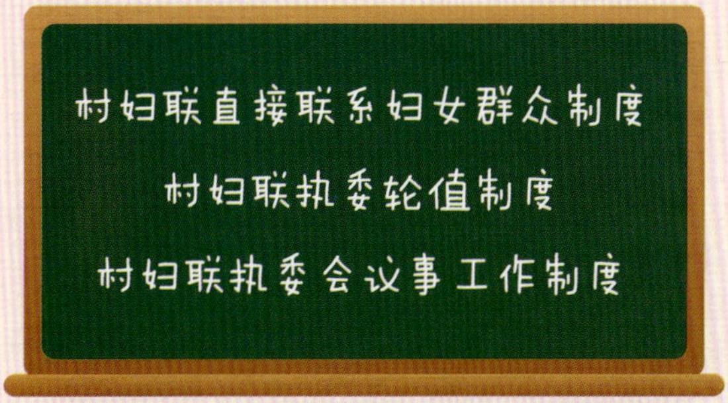

加强对执委的培训、管理和激励表彰。村“会改联”后，吸纳了巾帼致富带头人、广场舞活动带头人和在村妇女群众中有热心、有影响、有一技之长的妇女代表进入基层妇联工作队伍。

提升“妇女之家”建设水平。“妇女之家”三大功能：宣传教育、维权服务、组织活动。

实施妇联“双亮工程”。在开展工作、组织活动时，我总是主动亮出妇联旗帜，我和执委们开展工作、组织活动时也都主动亮明身份，让妇女知道妇联组织在哪，妇联干部是谁。

网上妇联：实现妇联工作线上线下有机融合

广东省妇女联合会搭建了以“广东女性E家园”网站和“南粤女声”微信公众号为中枢、全省妇联系统互联互通的平台体系。

“南粤女声”微信公众号是一个集创业指导、家风宣传、维权服务、扶贫帮困等功能于一体的网上服务平台，是我们找组织、找活动、找咨询、找帮助的重要途径。赶紧扫一扫吧。

我们村妇联还建立了“好姐妹”微信群，现在无论是谈工作，还是分享心得，都方便多啦。

提升基层妇联组织力

坚持“党建带妇联”制度，把妇建工作主动融入党建工作总体格局。

《广东省加强党的基层组织建设三年行动计划（2018—2020年）》已经正式印发了。学习过这个文件的姐妹们一定都很激动，因为里面第27点“选优配强基层党组织书记”中作出了“建立党组织书记后备队伍，实行‘村推镇选县考察’的培养选拔制度，其中未配备女性村委会主任的应优先选配1名女性”的明确规定。另外，省财政厅、省妇联把我们村妇联基层组织建设经费支出纳入省农村基层组织保障资金使用范围。我们要抓住这一机遇，主动作为。

忙碌而充实的一天即将结束啦，回到家，静下心，我开始总结回顾这一天的工作，然后写进我的《妇情日记》。

2018 年

7月1日，组织村妇联干部学习习近平总书记重要讲话精神，并研究安排本月份工作。

7月2日，村民宋XX因身体不便，不能办理大病医疗救助，需要协助办理。

7月3日，召开妇联专题会，研究妇女广场舞活动。

7月4日，组织“两癌”筛查，通知全体妇女到村卫生所进行检查。

7月5日，组织妇女群众到“妇女之家”学习大棚种植技术。

……

党希望妇联干什么，我们就干什么。

妇女需要我们干什么，我们就干什么。

上级妇联要求我们干什么，我们就干什么。

这就是我每天的工作。